Springer Essentials sind innovative Bücher, die das Wissen von Springer DE in kompaktester Form anhand kleiner, komprimierter Wissensbausteine zur Darstellung bringen. Damit sind sie besonders für die Nutzung auf modernen Tablet-PCs und eBook-Readern geeignet. In der Reihe erscheinen sowohl Originalarbeiten wie auch aktualisierte und hinsichtlich der Textmenge genauestens konzentrierte Bearbeitungen von Texten, die in maßgeblichen, allerdings auch wesentlich umfangreicheren Werken des Springer Verlags an anderer Stelle erscheinen. Die Leser bekommen „self-contained knowledge" in destillierter Form: Die Essenz dessen, worauf es als „State-of-the-Art" in der Praxis und/oder aktueller Fachdiskussion ankommt.

Tim Pawlowski • Christoph Breuer

Sport und öffentliche Finanzen

Die sportbezogenen Einnahmen und Ausgaben öffentlicher Haushalte in Deutschland

Tim Pawlowski
Eberhard Karls Universität Tübingen
Deutschland

Christoph Breuer
Deutsche Sporthochschule Köln
Deutschland

ISSN 2197-6708
ISBN 978-3-658-04409-1
DOI 10.1007/978-3-658-04410-7

ISSN 2197-6716 (electronic)
ISBN 978-3-658-04410-7 (eBook)

Die Deutsche Nationalbibliothek verzeichnet diese Publikation in der Deutschen National-
bibliografie; detaillierte bibliografische Daten sind im Internet über http://dnb.d-nb.de ab-
rufbar.

Springer Gabler
© Springer Fachmedien Wiesbaden 2014

Gedruckt auf säurefreiem und chlorfrei gebleichtem Papier

Springer Gabler ist eine Marke von Springer DE. Springer DE ist Teil der Fachverlagsgruppe
Springer Science+Business Media
www.springer-gabler.de

Vorwort

Der vorliegende Band stellt eine überarbeitete und stark gekürzte Fassung unseres Buchs „Die finanzpolitische Bedeutung des Sports" (Springer Gabler Research, 2012) dar. Die Komprimierung erfolgte in einer Form, dass Praktiker, Studierende und schnelle Leser mit den essentiellen Erkenntnissen versorgt werden, ohne sich in der Komplexität der amtlichen Statistik, zugehöriger Kontensysteme oder des Steuerrechts verirren zu können.

Leser und Leserinnen, die an methodischen oder definitorischen Details interessiert sind, seien auf das zugrundeliegende Buch „Die finanzpolitische Bedeutung des Sports" verwiesen (Pawlowski und Breuer, 2012). Dieses wiederum stellt eine leicht modifizierte Version des Forschungsberichts für das Bundesministerium der Finanzen (BMF) mit dem Titel fe32/09 „Ansätze zur Quantifizierung der finanzpolitischen Bedeutung des Sports" dar, welcher am 9. Mai 2012 im Sportausschuss des Deutschen Bundestages vorgestellt wurde.

Tübingen und Köln, im Oktober 2013

Tim Pawlowski
Christoph Breuer

Inhaltsverzeichnis

Einleitung

1

Im *White Paper on Sport* stellt die Europäische Kommission heraus, dass politische Maßnahmen im Sport mit fundiertem Grundlagenwissen untermauert werden müssen (European Commission 2007). Das Wissen zur finanzpolitischen Bedeutung des Sports insgesamt sowie von Teilbereichen des Sports ist für Entscheidungsträger der öffentlichen Haushalte von großer Bedeutung. Es bildet den Ausgangspunkt und damit eine wichtige Hilfestellung zur Bewertung von Entscheidungen im Bereich des Sports.

So stellt sich auf europäischer Ebene (Europäische Kommission 2011) momentan die Frage, ob Sportsysteme in der EU nicht auch mit Hilfe geringerer Subventionen effektiv aufgestellt werden könnten. Im Blickpunkt der Betrachtung stehen dabei die Breitensportsysteme in den Mitgliedsstaaten der EU: Es wird analysiert, inwiefern eine hohe Sportpartizipation notwendigerweise auf subventionierte bzw. seitens der öffentlichen Hand bezuschusste Organisationen angewiesen ist. Bezogen auf Deutschland stellt sich darüber hinaus die Frage, ob eine Unterstützung und Förderung des Sports bspw. durch Bereitstellung von Polizeikräften[1], durch Übernahme von Infrastrukturkosten[2] oder durch Bereitstellung von Arbeitsplätzen für Spitzensportler in der Bundeswehr oder beim Zoll[3] geschehen sollte. Darüber hinaus existieren vielleicht auch andere, bisher nicht bedachte und (ggf. effektivere) Möglichkeiten der Unterstützung und Förderung des Sports.

Eine aktuelle und umfassende Übersicht zur finanzpolitischen Bedeutung des Sports in Deutschland existiert nicht. Bisherige Studien, die die finanzpolitische Bedeutung des Sports abbilden, sind oft veraltet. Häufig werden nur Teilaspekte analysiert oder die Arbeiten sind im Auftrag von Interessengruppen zur Unter-

---

[1] z. B. zur Sicherung von Sportveranstaltungen.

[2] z. B. durch den Bau von Arenen bzw. deren Anschlüsse ans Verkehrsnetz.

[3] z. B. zur Gewährleistung, dass die die Sportler unter professionellen Bedingungen international wettbewerbsfähig trainieren können.

T. Pawlowski, C. Breuer, *Sport und öffentliche Finanzen*, essentials,
DOI 10.1007/978-3-658-04410-7_1, © Springer Fachmedien Wiesbaden 2014

1

mauerung von Forderungen gegenüber der Politik erstellt worden. Darüber hinaus wären Folgeerhebungen aufgrund von nicht veröffentlichten Methoden oder einmalig durchgeführten Primärerhebungen, die schwer reproduzierbar sind, nicht vergleichbar. Gerade die Abbildung mit aktuellen Daten bildet für die Gestaltung von Politik und zur Begründung von Investitionsentscheidungen aufgrund der sich immer schneller wandelnden Umweltbedingungen jedoch eine wichtige Grundlage.

Aus diesem Grund wurde im Rahmen dieses Projektes versucht, verschiedene Methoden und Sekundärdatenquellen heranzuziehen, um die finanzpolitische Bedeutung des Sports im Jahr 2010 in Deutschland abzuschätzen. Hierzu wurde die finanzpolitische Bedeutung des Sports im Rahmen der Studie durch vier sportrelevanten Nutzen- und Kostenkategorien der öffentlichen Haushalte (Bund, Länder, Gemeinden/Kommunen) und Sozialversicherungsträger operationalisiert: sportbezogene direkte Einnahmen (bspw. Steuereinnahmen), gesellschaftliche Nutzeneffekte des Sports (bspw. Integrationsleistungen und Gesundheitsversorgung), sportbezogene direkte Ausgaben (bspw. öffentliche finanzielle Mittel zur Förderung des Sports) sowie der Verzicht auf Einnahmen zur Förderung des Sports (bspw. durch Subventionen und Steuererleichterungen).

Aufgrund diverser im Buch (Pawlowski und Breuer 2012) ausführlicher diskutierten Herausforderungen im Rahmen der Quantifizierung bezieht sich diese verkürzte Fassung des Projektberichts ausschließlich auf die sportbezogenen direkten Einnahmen und Ausgaben der öffentlichen Haushalte.

Dafür gilt es zunächst zu klären, was unter „sportrelevant" zu verstehen ist. Die im Rahmen der European Sports Charter definierte Abgrenzung von Sport gibt Hinweise darauf, welche Aktivitäten dem Sport zuzuordnen sind:

Sport means all forms of physical activity which, through casual or organised participation, aim at expressing or improving physical fitness and mental well-being, forming social relationships or obtaining results in competitions at all levels (Council of Europe 2001).

Demnach sind beispielsweise Aktivitäten wie Fußball- oder Hockeyspielen klar dem Sport zuzuordnen. Dagegen wäre ein Einkaufsbummel in der Stadt eindeutig nicht dem Sport zuzuordnen. In einer weiteren, häufig verwendeten Definition von Sport nennen Gratton und Taylor (2000) in Anlehnung an Rodgers (1977) fünf Elemente, die idealerweise für Sportaktivitäten zutreffen: Sport beinhaltet körperliche Aktivität, wird für Erholungszwecke betrieben, beinhaltet ein Wettbewerbselement, ist institutionell organisiert und durch Medien und Sportorganisationen als Sport anerkannt. In Abhängigkeit vom Grad der Erfüllung dieser Elemente können Aktivitäten in vier Kategorien nach einem Schalenprinzip unterschieden werden: sportliche Aktivität im Kern (z. B. Fußballspielen), körperliche Aktivität ohne Wettbewerbscharakter (z. B. Wandern), nicht körperliche Aktivität mit Wettbewerbscharakter (z. B. Dart spielen), keine sportliche Aktivität (z. B. Einkaufen gehen). In diesem Sinne ließe sich (theoretisch) ein unterschiedlich weit gefasstes Sportverständnis definieren, mit Hilfe dessen wiederum unterschiedlich weit gefasste sportbezogene öffentliche Einnahmen und Ausgaben beziffert werden könnten. In der Realität haben jedoch sämtliche Institutionen und Organisationen des Sports ebenso wie jede einzelne Person nicht nur hinsichtlich der Aktivitäten, sondern auch hinsichtlich der Intensität ein unterschiedliches Verständnis von Sport. Während manch einer die tägliche Fahrt mit dem Fahrrad zur Arbeit als Sport bezeichnet, fängt Sport für andere erst dann an, wenn geschwitzt wird oder der Puls eine gewisse Frequenz erreicht. Damit ergibt sich bzgl. der sportbezogenen öffentlichen Einnahmen und Ausgaben in Abhängigkeit von der Wahrnehmung der jeweils involvierten Akteure, Institutionen und Organisationen ein gewisser Spielraum.

Neben diesen Zuordnungsschwierigkeiten ergibt sich zudem die Problematik, dass keine zur Quantifizierung der finanzpolitischen Bedeutung relevante (amtliche) Statistik existiert, die nur annähernd eine der beiden genannten Definitionen aufgreift. Daher erscheinen beide Definitionen nicht dafür geeignet zu sein, diesen Bericht bzw. den Gegenstandsbereich nach diesen Dimensionen zu gliedern. Um den Brückenschlag vom Sport zur Ökonomie zu schaffen, wird für den Bericht im Folgenden der Begriff der sportrelevanten Betriebe (Unternehmen, Vereine und Verbände) verwendet.

Sportrelevante Betriebe können im Sinne der Vilnius-Definition abgegrenzt werden. Die Definition wurde 2007 von der informellen EU-Arbeitsgruppe „Sport und Wirtschaft" unter Führung der Europäischen Kommission entwickelt. Sie basiert auf einer Abgrenzung von sportrelevanten Wirtschaftszweigen (WZ) im Sinne der EU-Nomenklatur zur Klassifizierung der wirtschaftlichen Aktivitäten in Europa, kurz NACE[4] (*Nomenclature statistique des activités économiques dans la Communauté européenne*), sowie bei der weiteren Untergliederung der

---

[4] „In manchen Fällen sind erhebliche Anteile der Tätigkeiten einer Einheit mehr als einer NACE-Klasse zuzurechnen. Dies kann entweder auf eine vertikale Integration der Tätigkeiten (z. B. Holzfällerei in Verbindung mit einem Sägewerk oder der Betrieb einer Tongrube in Verbindung mit einer Ziegelei) zurückzuführen sein oder auf eine horizontale Integration der Tätigkeiten (z. B. Herstellung von Backwaren in Verbindung mit der Herstellung von Schokoladenkonfekt) oder auf eine beliebige Kombination von Tätigkeiten innerhalb einer statistischen Einheit" (Eurostat 2010). Eine Zuordnung der Einheit zu einer NACE-Klasse erfolgt dann auf Basis der Tätigkeit mit der höchsten Wertschöpfung.

Abb. 1.1 Kern-, enge
und weite Abgrenzung
des Sports im Sinne der
Vilnius-Definition

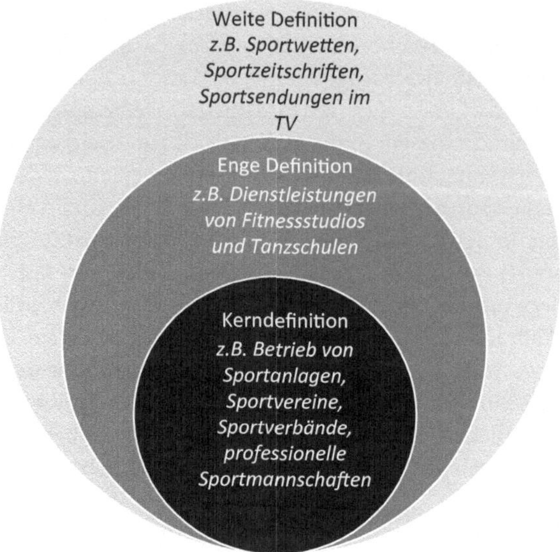

EU-Klassifizierung von Produkten nach Aktivitäten, kurz CPA (*Classification of products by activity*).

Im Rahmen der Vilnius-Definition des Sports werden insgesamt drei Definitionen unterschieden (Kern-, enge und weite Abgrenzung) (vgl. Abb. 1.1). Die unterschiedlichen Abgrenzungen ergeben sich dabei durch eine Einteilung der Wirtschaftszweige in solche, deren Lieferungen und Leistungen als notwendige Inputs gesehen werden, um „Sport zu produzieren" (sogenannte *upstream sectors*) und solche, deren Lieferungen und Leistungen eine direkte oder indirekte Verbindung zum Sport haben, ohne für die „Produktion von Sport" notwendig zu sein (sogenannte *downstream sectors*). Zu den *upstream sectors* zählen bspw. die Sportartikelproduktion und der Sportartikelhandel, die mit der Bereitstellung von Sportbekleidung und bspw. Sportbällen wesentliche Inputs zur „Produktion" von Sport bereitstellen. Zu den *downstream sectors* gehört z. B. das Wett- und Lotteriewesen, welches für bestimmte Wettspiele auf das „Produkt" Sport zurückgreift. Auf Basis dieser Abgrenzung können Sportbetriebe unterscheiden werden, deren Lieferungen und Leistungen fürs Sporttreiben die Voraussetzung bilden, und solche, deren Produkte durch Sporttreiben bedingt sind.

Zur Kerndefinition des Sports gehören solche Wirtschaftszweige, die personenbezogene Sportdienstleistungen erbringen, wie der Betrieb von Sportanlagen, Sportvereine und Sportverbände, professionelle Sportmannschaften, selbständige

Berufssportler und -trainer, Sportpromoter und sonstige professionelle Sportveranstalter sowie Sportschulen und selbständige Sportlehrer.

Zur engen Definition des Sports gehören einerseits die im letzten Absatz beschriebenen sechs Wirtschaftszweige der Kerndefinition des Sports. Darüber hinaus gehören (wie oben abgegrenzt) hierzu solche Wirtschaftszweige, deren Lieferungen und Leistungen als notwendige Inputs gesehen werden, um „Sport zu produzieren" (sogenannte *upstream sectors*). Hierzu gehören Wirtschaftszweige

- der Land- und Forstwirtschaft (sportbezogenen ist bspw. die Züchtung von Rennpferden)
- des verarbeitenden Gewerbes (sportbezogen im Sinne der engen Definition ist beispielsweise die Herstellung von Sportfahrrädern)
- des Baugewerbes (sportbezogenen im Sinne der engen Definition ist bspw. der Bau von Sportinfrastruktur)
- des Handels, der Instandhaltung/der Reparatur von Kraftfahrzeugen und Gebrauchsgütern (sportbezogenen im Sinne der engen Definition ist bspw. der Handel mit Motorsportfahrzeugen)
- des Grundstücks- und Wohnungswesen bzw. Vermietungsgewerbes (sportbezogenen im Sinne der engen Definition ist bspw. die Vermietung von Sportausrüstung)
- des Gesundheits-, Veterinär- und Sozialwesens (sportbezogenen im Sinne der engen Definition ist bspw. die sportbezogene Ausbildung an Hochschulen)
- der öffentlichen Verwaltung, Verteidigung und Sozialversicherung (sportbezogenen im Sinne der engen Definition sind bspw. die Krankenhausdienstleistungen für Sportler)
- des Gewerbes von Anbieten sonstiger Sportdienstleistungen (sportbezogenen im Sinne der engen Definition sind bspw. die Dienstleistungen von Tanzschulen).

Zur weiten Definition des Sports gehören (zusätzlich zu den oben genannten Wirtschaftszweigen der Kern- und engen Definition des Sports) Wirtschaftszweige

- des verarbeitenden Gewerbes (sportbezogenen im Sinne der weiten Definition ist bspw. der Druck von sportbezogenen Zeitschriften)
- des Handels, der Instandhaltung/Reparatur von Kraftfahrzeugen und Gebrauchsgütern (sportbezogenen im Sinne der weiten Definition ist bspw. der Handel von sportbezogenen Zeitschriften)
- des Gastgewerbes (sportbezogenen im Sinne der weiten Definition sind bspw. die Ausgaben von Sporttouristen in Bars)

- des Verkehrs- und Nachrichtenübermittlungsgewerbes (sportbezogenen im Sinne der weiten Definition ist bspw. der Transport von Sporttouristen mit der Bahn)
- des Grundstücks- und Wohnungswesens bzw. Vermietungsgewerbes (sportbezogenen im Sinne der weiten Definition ist bspw. die Beratung von Sportvereinen)
- der sonstigen Sportdienstleistungen (sportbezogenen im Sinne der weiten Definition sind bspw. die Sportwetten).

Im Folgenden werden die Ergebnisse zu den sportbezogenen direkten Einnahmen und Aufgaben der öffentlichen Haushalte in Deutschland zusammengefasst dargestellt. Im Anschluss folgen eine Gegenüberstellung der Einnahmen und Ausgaben auf Ebene der einzelnen Gebietskörperschaften (Bund, Länder, Kommune) sowie eine kurze Diskussion der Ergebnisse und ein Ausblick zu relevanten zukünftigen Forschungsaktivitäten.

Sportbezogene direkte Einnahmen der öffentlichen Haushalte

2

Die sportbezogenen direkten Einnahmen der öffentlichen Haushalte werden je nach Definition auf rund 3,1 Mrd. €, 14,3 Mrd. € bzw. 21,8 Mrd. € (vgl. Abb. 2.1) abgeschätzt und machen damit in etwa 0,3 %, 1,3 % bzw. 2 % aller in der Volkswirtschaftlichen Gesamtrechnung (VGR) für 2010 ausgewiesenen Einnahmen der öffentlichen Haushalte aus (1.082 Mrd. €).

Diese Einnahmen lassen sich in vier Gruppen unterteilen: (1.1) sportbezogene Produktions- und Importabgaben, (1.2) Einkommens- und Vermögensteuern, (1.3) Sozialbeiträge und (1.4) sonstige direkte Einnahmen des Staats bzw. der Kommunen. Teilergebnisse zu diesen vier Gruppen werden im Folgenden kurz skizziert.

2.1 Sportbezogene Produktions- und Importabgaben

Von den gesamten sportbezogenen direkten Einnahmen der öffentlichen Haushalte in Deutschland entfallen je nach Definition rund 0,5 Mrd. €, 5,7 Mrd. € bzw. 8,7 Mrd. € auf die sportbezogenen Produktions- und Importabgaben (vgl. Abb. 2.2). Dies entspricht in etwa 0,2 %, 1,8 % bzw. 2,8 % der gesamten Produktions- und Importabgaben im Jahr 2010 (rund 310 Mrd. €).

Die Produktions- und Importabgaben bei der Kerndefinition des Sports umfassen fast ausschließlich sportbezogene Mehrwert- und Einfuhrumsatzsteuern.

Bei der engen und weiten Definition des Sports entfällt der Großteil der Produktions- und Importabgaben hingegen auf die sportbezogene Mineralölsteuer (rund 4 Mrd. €), deren Abschätzung aufgrund von methodischen Herausforderungen nur ungenau erfolgen konnte. Um dies zu verdeutlichen sind die zusammengefassten Werte in Abb. 2.2 als Spannweiten angegeben. In der Übersicht zu allen sportbezogenen direkten Einnahmen (vgl. Abb. 2.1) wurden die 4 Mrd. € dagegen in voller Höhe berücksichtigt.

T. Pawlowski, C. Breuer, *Sport und öffentliche Finanzen*, essentials,
DOI 10.1007/978-3-658-04410-7_2, © Springer Fachmedien Wiesbaden 2014

Abb. 2.1 Die sportbezogenen direkten Einnahmen der öffentlichen Haushalte in 2010 in Abhängigkeit von der Abgrenzung

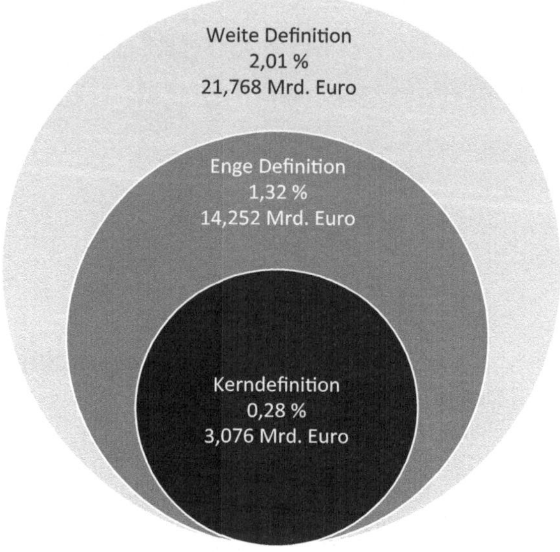

Abb. 2.2 Die aggregierten sportbezogenen Produktions- und Importabgaben in 2010 in Abhängigkeit von der Abgrenzung. Die Werte für die enge und weite Definition des Sports sind mit/ohne sportbezogener Mineralölsteuer angegeben

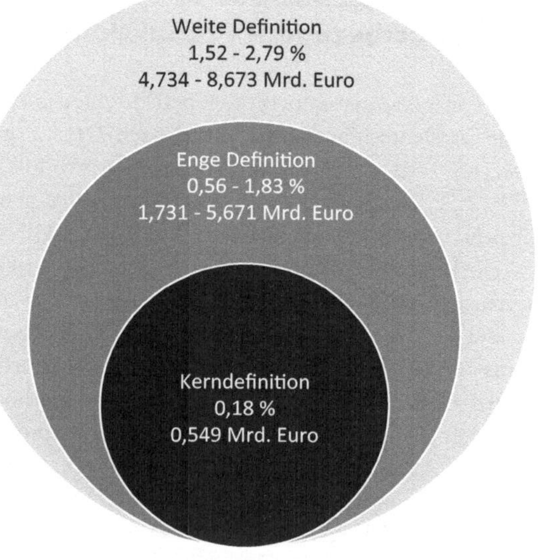

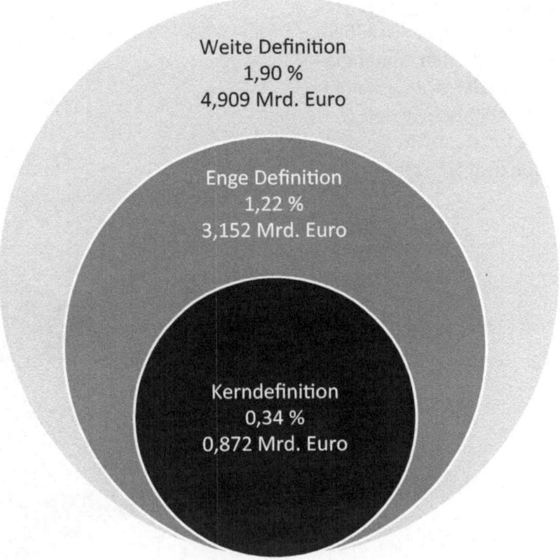

Abb. 2.3 Die aggregierten sportbezogenen Einkommen- und Vermögensteuern in 2010 (in Mrd. Euro) in Abhängigkeit von der Abgrenzung

Neben der Mineralölsteuer sind in den Produktions- und Importabgaben der engen und weiten Definition des Sports u. a. rund 1,3 Mrd. € bzw. 3,3 Mrd. € an sportbezogener Mehrwert- und Einfuhrumsatzsteuer sowie 0,2 Mrd. € bzw. 0,4 Mrd. € an sportbezogener Gewerbesteuer enthalten. Während zur sportbezogenen Gewerbesteuer keine Vergleichsstudien vorliegen, wurden die sportbezogene Mehrwertsteuern in Deutschland für das Jahr 1990 auf rund 2,6 Mrd. DM geschätzt (vgl. Weber et al., 1995). Dies entspricht in etwa 1,9 Mrd. € (in Preisen von 2010).

2.2   Sportbezogene Einkommen- und Vermögensteuern

Von den gesamten sportbezogenen direkten Einnahmen der öffentlichen Haushalte in Deutschland entfallen je nach Definition rund 0,9 Mrd. €, 3,2 Mrd. € bzw. 4,9 Mrd. € auf die sportbezogenen Einkommen- und Vermögensteueraufkommen (vgl. Abb. 2.3). Dies entspricht in etwa 0,3 %, 1,2 % bzw. 1,9 % der gesamten Einkommen- und Vermögensteuern im Jahre 2010 (rund 258 Mrd. €).

Mit rund 0,7 Mrd. €, 1,8 Mrd. € bzw. 3 Mrd. € entfällt der Großteil hiervon auf die Lohnsteuer einschließlich Solidaritätszuschlag. Im Vergleich hierzu beziffern

Abb. 2.4 Die aggregierten sportbezogenen Sozialbeiträge in 2010 in Abhängigkeit von der Abgrenzung (einschließlich Sozialbeiträge für staatliche Angestellte und Beamte)

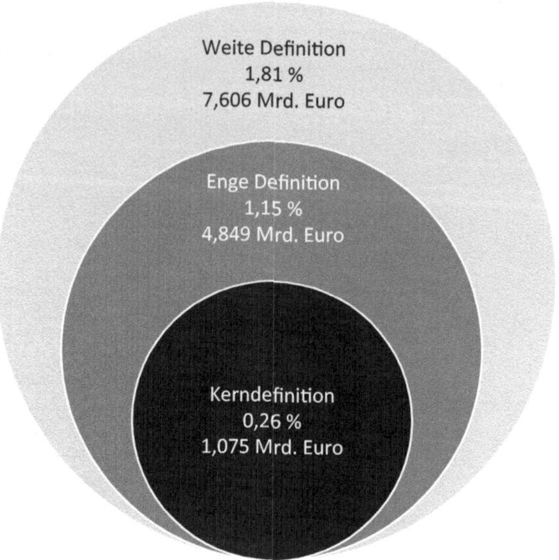

Weber et al. (1995) das sportbezogene Lohnsteuervolumen für Deutschland im Jahr 1990 mit rund 1,7 Mrd. DM bzw. 1,2 Mrd. € (in Preisen von 2010).

2.3 Sportbezogene Sozialbeiträge

Das sportbezogene Sozialversicherungsbeitragsaufkommen für 2010 beträgt je nach Definition rund 1,1 Mrd. €, 4,8 Mrd. € bzw. 7,6 Mrd. € (vgl. Abb. 2.4). Bei für 2010 in der VGR insgesamt ausgewiesenen (tatsächlichen und unterstellten) Sozialbeiträgen von rund 420 Mrd. €, entspricht dies je nach Definition in etwa einem Anteil von 0,3 %, 1,2 % bzw. 1,8 %.

Im Vergleich hierzu beziffern Weber et al. (1995) die sportbezogenen Sozialbeiträge für Deutschland im Jahr 1990 mit rund 3,3 Mrd. DM bzw. 2,4 Mrd. € (in Preisen von 2010).

2.4 Sonstige sportbezogene direkte Einnahmen

Der Großteil der sonstigen sportbezogenen direkten Einnahmen umfasst die Gebühren für die Sportstättennutzung – also den monetären Gegenwert, den gemeinnützige Organisationen (z. B. Vereine in Form von Mieten und Pachten) und private Haushalte (z. B. in Form von Eintrittsgeldern) für die Nutzung von staatlichen Sportstätten zahlen müssen. Zu den relevanten Sportstätten gehören Badeanstalten ebenso wie Sporthallen und Sportplätze.

Die gesamten Sportstättennutzungsgebühren wurden im Rahmen des Projektes auf rund 0,8 Mrd. € abgeschätzt. In etwa die Hälfte dieses Betrages wurde an (meist kommunale) Eigenbetriebe entrichtet und entsprechend nicht in der zusammenfassenden Abb. 2.1 berücksichtigt.

Sportbezogene direkte Ausgaben der öffentlichen Haushalte

3

Die sportbezogenen direkten Ausgaben der öffentlichen Haushalte in Deutschland wurden *insgesamt* auf rund 8,3 Mrd. € in 2010 abgeschätzt. Hiervon entfällt der größte Teil auf den Bereich „Schul- und Hochschulsport", gefolgt von „Sportstätten" und „Förderung des Sports" (vgl. Tab. 3.1).[1]

Zur besseren Vergleichbarkeit (und späteren Gegenüberstellung) mit den zuvor skizzierten sportbezogenen Einnahmen können die Bereiche „Förderung des Sports" und „Sportstätten" zur Kerndefinition und die Bereiche „Schul- und Hochschulsport" sowie „Sportwissenschaft" zusätzlich zur engen und weiten Abgrenzung des Sports zusammengefasst werden.

Entsprechend belaufen sich die direkten Ausgaben auf rund 4,3 Mrd. € nach der Kerndefinition und 8,3 Mrd. Mrd. € nach der engen/weiten Definition des Sports (vgl. Abb. 3.1).Dies entspricht in etwa 0,4 % bzw. 0,7 % aller in der VGR für 2010 ausgewiesenen Ausgaben der öffentlichen Haushalte aus (rund 1.164 Mrd. €).

Die sportbezogenen direkten Ausgaben der öffentlichen Haushalte lassen sich in drei Kategorien unterteilen: (2.1) sportbezogene Personalkosten, (2.2) laufende Kosten und (2.3) Investitionskosten. Teilergebnisse zu diesen drei Kategorien werden im Folgenden kurz skizziert.

---

[1] Hier und in der VGR werden Nettoausgaben ausgewiesen. Das heißt, dass die Werte um Zahlungen von gleicher Ebene (z. B. Länder untereinander) sowie Zahlungen von anderer Ebene (z. B. Länder erhalten Zahlungen vom Bund) „bereinigt" wurden.

T. Pawlowski, C. Breuer, *Sport und öffentliche Finanzen*, essentials,
DOI 10.1007/978-3-658-04410-7_3, © Springer Fachmedien Wiesbaden 2014

Tab. 3.1 Die geschätzten gesamten sportbezogenen Nettoausgaben der öffentlichen Kernhaushalte in (in Mio. Euro) 2010

Sportbereich	Bund	Länder	Kommunen	gesamt 2010
Förderung des Sports	177	422	629	1.348
Sportstätten	43	265	2.350	2.919
Schul- und Hochschulsport	0	3.655	0	3.963
Sportwissenschaft	6	88	0	102
	225	4.430	2.978	8.333

Abb. 3.1 Die geschätzten aggregierten sportbezogenen Nettoausgaben der öffentlichen Kernhaushalte (in Mrd. Euro) in 2010

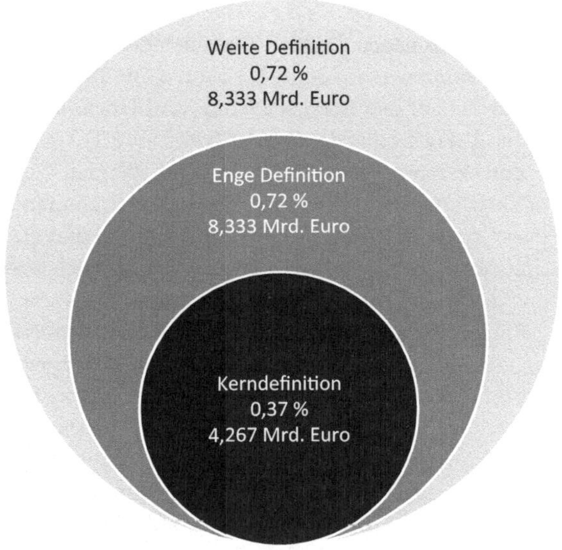

3.1 Sportbezogene Personalkosten

Von den insgesamt in der VGR ausgewiesenen Personalkosten in Höhe von 182 Mrd. € entfallen rund 0,7 Mrd. € (Kerndefinition) bzw. 3,9 Mrd. € (enge/weite Definition) auf den Sport. Dies entspricht in etwa einem Anteil von 0,4 bzw. 2,2 % (vgl. Abb. 3.2).

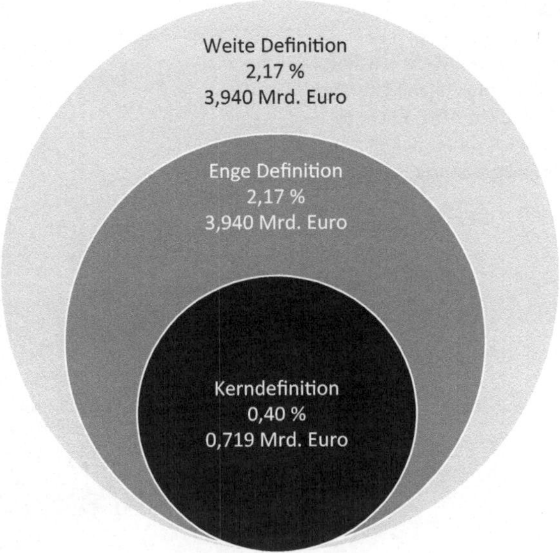

Abb. 3.2 Die geschätzten öffentlichen Nettoausgaben der Kernhaushalte für sportbezogenes Personal (in Mrd. Euro) in 2010 in Abhängigkeit von der Abgrenzung

Mit rund 3 Mrd. € entfällt dabei der Großteil der Personalkosten auf Sportlehrkräfte (einschließlich Schulverwaltungsanteil). Eine (monetär) untergeordnete Bedeutung haben hingegen die in der Öffentlichkeit viel diskutierten Personalkosten für Polizeibedienstete zur Sicherung von Sportveranstaltungen (rund 0,1 Mrd. €).

3.2 Sportbezogene Laufende Kosten

Von den insgesamt in der VGR ausgewiesenen sonstigen Kosten in Höhe von 982 Mrd. € entfallen rund 2,7 Mrd. € (Kerndefinition) bzw. 3,3 Mrd. € (enge/weite Definition) auf die sportbezogenen Laufenden Kosten. Dies entspricht in etwa einem Anteil von rund 0,3 % (vgl. Abb. 3.3).

Mit rund 1,6 Mrd. € entfällt dabei der Großteil der Kosten in den Bereich „Sportstätten" und wird überwiegend von den Kommunen getragen.

Abb. 3.3 Die geschätzten Nettoausgaben der
öffentlichen Kernhaushalte
für sportbezogene Laufende
Kosten (in Mrd. Euro) in
2010 in Abhängigkeit von
der Abgrenzung

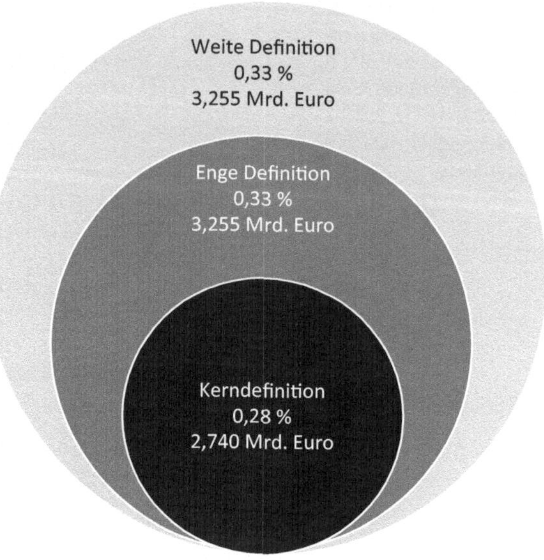

Abb. 3.4 Die geschätzten
Nettoinvestitionsausgaben
der öffentlichen Kernhaushalte in 2010 in Abhängigkeit von der Abgrenzung

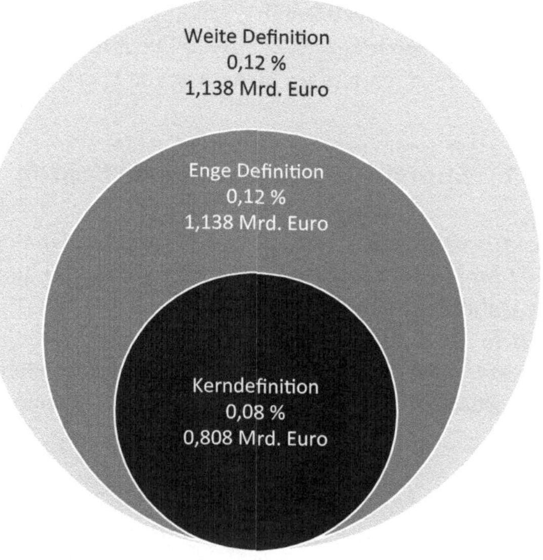

3.3   Sportbezogene Investitionskosten

Neben den sportbezogenen Laufenden Kosten gehören auch die sportbezogenen Investitionskosten zu den in der VGR ausgewiesenen sonstigen Kosten in Höhe von insgesamt 982 Mrd. €. Den Berechnungen zufolge entfallen davon rund 0,8 Mrd. € (Kerndefinition) bzw. 1,1 Mrd. € (enge/weite Definition) auf die sportbezogenen Investitionskosten, was in etwa einem Anteil von rund 0,1 % entspricht (vgl. Abb. 3.4).

Mit rund 0,8 Mrd. € entfällt der Großteil der Investitionskosten ebenfalls in den Bereich „Sportstätten" und wird wiederum überwiegend von den Kommunen getragen.

Gesamtbetrachtung nach Haushaltsebenen 4

Ausgehend von den Detailergebnissen im Projektbericht (vgl. Pawlowski und Breuer 2012) können die sportbezogenen Einnahmen und Ausgaben der öffentlichen Haushalte zusammengefasst und nach Haushaltsebenen getrennt dargestellt werden.

Unter Berücksichtigung der Verteilungsschlüssel von so genannten Gemeinsteuern, also Steuern, die auf zwei oder drei Gebietskörperschaften verteilt werden, können die sportbezogenen Steuereinnahmen der Gebietskörperschaften wie in Tab. 4.1 abgeschätzt werden. Dabei fällt auf, dass vom insgesamt quantifizierten sportbezogenen Steueraufkommen der weitaus größte Anteil auf den Bund entfällt.

4.1 Bund

Wie der vorangehenden Tab. 4.1 zu entnehmen ist, hat der Bund 2010 insgesamt sportbezogene direkte Einnahmen in Abhängigkeit von der zu Grunde gelegten Definition von rund 0,6, 5,7 bzw. 8,1 Mrd. € zu verzeichnen.

Diesen sportbezogenen Einnahmen stehen rund 0,2 Mrd. € an sportbezogenen direkten Ausgaben gegenüber (vgl. Abb. 4.1), die zum größten Teil die Sportfördermittelmittel des Bundesministeriums des Innern sowie die sportbezogenen Personalkosten des Bundesministeriums der Verteidigung (u. a. für sogenannte „Sportsoldaten") ausmachen.

Wie weitere Berechnungen im Projekt ergaben, verzichtet der Bund darüber hinaus auf rund 0,4 Mrd. € an jährlichen Steuereinnahmen, um den Sport bzw. das ehrenamtliche Engagement im Sportbereich zu fördern. Diese Steuermindereinnahmen werden in Abb. 4.1 nicht ausgewiesen.

T. Pawlowski, C. Breuer, *Sport und öffentliche Finanzen*, essentials,
DOI 10.1007/978-3-658-04410-7_4, © Springer Fachmedien Wiesbaden 2014

Tab. 4.1 Die geschätzten sportbezogenen Steuereinnahmen der Gebietskörperschaften 2010 (eigene Berechnungen, in Mrd. Euro)

Abgrenzung	Bund	Länder	Kommunen	Gesamt
Kerndefinition	0,624	0,595	0,202	1,421
enge Definition	5,701	2,446	0,675	8,823
weite Definition	8,130	4,216	1,243	13,588

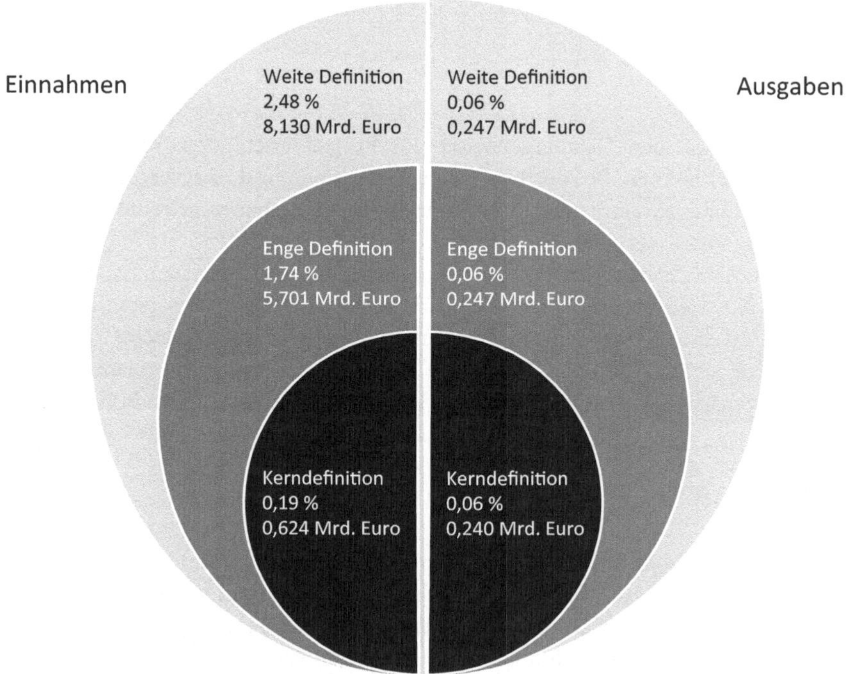

Abb. 4.1 Die geschätzten sportbezogenen direkten Einnahmen und Ausgaben des Bundes (in Mrd. Euro) in 2010 in Abhängigkeit von der Abgrenzung. Die Prozentangaben beziehen sich auf die gesamten in der VGR für 2010 ausgewiesenen (nicht konsolidierten) Einnahmen und Ausgaben der öffentlichen Kernhaushalte des Bundes

4.2 Länder

Wie der vorangehenden Tab. 4.1 zu entnehmen ist, haben die Länder in 2010 insgesamt sportbezogene Steuereinnahmen in Abhängigkeit von der zu Grunde gelegten Definition von rund 0,6, 2,4 bzw. 4,2 Mrd. € zu verzeichnen. Hinzukommen (mo-

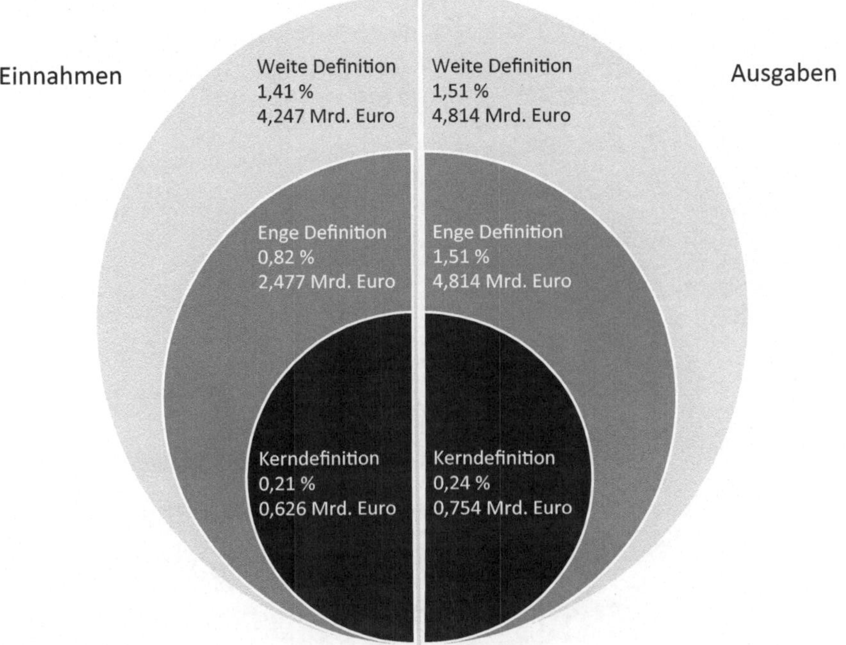

Abb. 4.2 Die geschätzten sportbezogenen direkten Einnahmen und Ausgaben der Bundesländer in 2010 in Abhängigkeit von der Abgrenzung (in Mrd. Euro). Die Prozentangaben beziehen sich auf die gesamten in der VGR für 2010 ausgewiesenen Einnahmen und Ausgaben der öffentlichen Kernhaushalte der Länder

netär kaum bedeutende) Einnahmen aus der Sportstättennutzungsgebühr (rund 0,002 Mrd. €) sowie sonstige direkte Einnahmen (rund 0,029 Mrd. €).

Diesen Einnahmen stehen auf Ebene der Bundesländer sportbezogenen Ausgaben von rund 0,8 bzw. 4,8 Mrd. € gegenüber (vgl. Abb. 4.2).

Darüber hinaus wurde ermittelt, dass auch die Länder auf rund 0,3 Mrd. € an jährlichen Steuereinnahmen zur Förderung des Sports verzichten (in Abb. 4.2 nicht enthalten).

4.3 Kommunen

Wie der vorangehenden Tab. 4.1 zu entnehmen ist, haben die Kommunen in 2010 insgesamt sportbezogene Steuereinnahmen in Abhängigkeit von der zu Grunde gelegten Definition von rund 0,2, 0,7 bzw. 1,2 Mrd. € zu verzeichnen. Hinzukommen

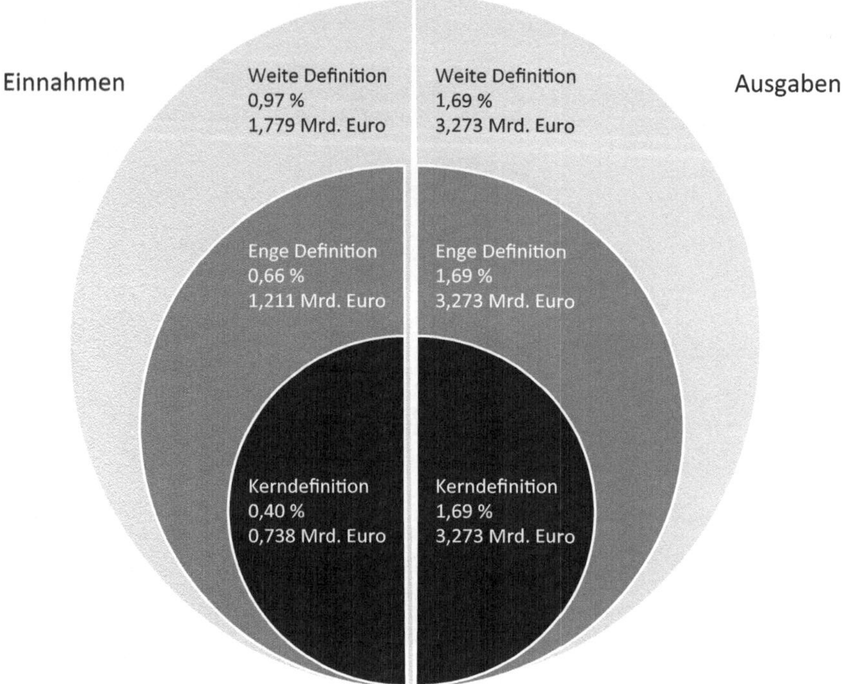

Abb. 4.3 Die geschätzten sportbezogenen direkten Einnahmen und Ausgaben der Kernhaushalte der Kommunen in 2010 in Abhängigkeit von der Abgrenzung (in Mrd. Euro). Die Prozentangaben beziehen sich auf die gesamten in der VGR für 2010 ausgewiesenen Einnahmen und Ausgaben der öffentlichen Kernhaushalte der Kommunen

Einnahmen aus der Sportstättennutzungsgebühr (rund 0,4 Mrd. €) sowie sonstige direkte Einnahmen (rund 0,14 Mrd. €).

Diesen Einnahmen stehen auf Ebene der Kommunen sportbezogenen Ausgaben von rund 3,3 Mrd. € gegenüber (vgl. Abb. 4.3). Der Wert ist für alle drei Abgrenzungen identisch, da alle Ausgaben in den Bereichen „Förderung des Sports" und „Sportstätten" getätigt werden, die der Kerndefinition des Sports (die in der engen und weiten Abgrenzung enthalten ist) zugeordnet werden können.

Neben den Kernhaushalten, deren Ergebnisse in Abb. 4.3 gegenübergestellt wurden, sind auf kommunaler Ebene zudem die sportbezogenen Eigenbetriebe von Relevanz. Diese haben wie bereits erwähnt Einnahmen aus der Sportstätten-

nutzung in Höhe von rund 0,4 Mrd. zu verzeichnen. Demgegenüber stehen Nettoausgaben von rund 0,8 Mrd. €.

Wie bei Bund und Ländern sind zudem die kommunalen Steuermindereinnahmen zur Förderung des Sports (rund 0,06 Mrd. €) nicht in der Gegenüberstellung
(Abb. 4.3) enthalten.

Fazit 5

Dominierte in der finanzpolitischen Diskussion bislang die Diskussion um öffentliche Ausgaben für den Sport, so zeigt diese Untersuchung erstmals, dass – je nach Definition – die direkten sportbezogenen Einnahmen der öffentlichen Haushalte in Deutschland höher sind als deren Ausgaben. Insofern wird die finanz- und steuerpolitische Diskussion des Sports um eine wichtige Perspektive ergänzt.

Zur finanzpolitischen Diskussion dürfte ebenfalls der Befund beitragen, dass die Relation von sportbezogenen Einnahmen und sportbezogenen Kosten zwischen Bund, Ländern und Kommunen recht unterschiedlich ausfällt. Während auf Seiten des Bundes die sportbezogenen Einnahmen die entsprechenden Ausgaben deutlich übertreffen, halten sich die sportbezogenen Einnahmen und Ausgaben auf Seiten der Länder in etwa die Waage. Auf kommunaler Ebene fallen die sportbezogenen Ausgaben hingegen deutlich höher als die sportbezogenen Einnahmen aus.

Unklar bleibt jedoch im Sinne einer investiven Kausalbetrachtung, wie die sportbezogenen öffentlichen Ausgaben und Einnahmen zusammenhängen. Auch wenn nun dargelegt ist, dass den sportbezogenen öffentlichen Ausgaben bemerkenswerte sportbezogene Einnahmen *gegenüberstehen*, so ist bislang unklar, ob und in welchem Umfang sich einzelne sportbezogene Ausgaben (z. B. der Bau von Sportanlagen) tatsächlich im finanzpolitischen Sinne „lohnen", d. h. direkt oder über Umwege zu nennenswerten Steuerrückflüssen führen.

Ein zukünftiges Forschungsprogramm sollte sich zudem mit der Frage beschäftigen, wie sich die amtliche Routinestatistik in einer Weise optimieren lässt, dass finanzpolitische Fragestellungen des Sports noch detaillierter beantwortet werden können. Nicht zuletzt gilt es, die den Steuerberechnungen häufig zugrundeliegenden Primärerhebungen zum Sportkonsum methodisch zu hinterfragen, um zu vermeiden, dass der Ein-Themen-Befragungen innewohnende „Non-Response-Bias" (Sportinteressierte beteiligen sich eher und haben zugleich systematisch höhere Sportausgaben) bei Hochrechnungen zu systematischen Überschätzungen des Sportmarktes führen.

T. Pawlowski, C. Breuer, *Sport und öffentliche Finanzen*, essentials, 25
DOI 10.1007/978-3-658-04410-7_5, © Springer Fachmedien Wiesbaden 2014

Abschließend sei im Rahmen dieser Diskussion darauf hingewiesen, dass die Erzielung von Staatseinnahmen keinen eigentlichen Rechtfertigungsgrund der Sportförderung darstellt. Markteingriffe (in Form von direkter finanzieller Förderung oder Steuererleichterungen) werden vielmehr mit positiven externen Effekten begründet. So werden bspw. dem Spitzensport Eigenschaften wie Identitätsstiftung und Repräsentationswirkung zugeschrieben und der Freizeit- und Breitensport mit gesundheitsfördernden Effekten und dem Aufbau von Sozialkapital verbunden.

Bisherige empirische Beweise hierzu sind allerdings z. T. weniger eindeutig als es die öffentliche Diskussion nahelegt (vgl. z. B. Downward, Pawlowski und Rasciute (2013) zum Aufbau von Sozialkapital in Sportvereinen). Auch hier sollten zukünftige Forschungsaktivitäten anschließen.

Literatur

Council of Europe. (2001). *The European sports charter* (revised). Brussels: Council of Europe.

Downward, P., Pawlowski, T., & Rasciute, S. (2013). Does associational behaviour raise social capital? A cross country analysis of trust. *Eastern Economic Journal.* doi:10.1057/eej.2013.26.

European Commission (2007). White paper on sport. http://ec.europa.eu/sport/documents/wp_on_sport_en.pdf. Zugegriffen: 7. Okt. 2013.

EuropäischeKommission (2011). *Study on the funding of grassroots sports in the EU. With a focus on the internal market aspects concerning legislative frameworks and systems of financing.* (Noch unveröffentlichter Abschlussbericht).

Eurostat (2010). *NACE Rev. 2. Einführende Leitlinien.* http://circa.europa.eu/irc/dsis/nacec-pacon/info/data/en/NACE%20Rev.%202%20Introductory%20guidelines%20-%20DE.pdf. Zugegriffen: 9. Sept. 2010.

Gratton, C., & Taylor, P. (2000). *Economics of sport and recreation.* London: Spon Press.

Pawlowski, T., & Breuer, C. (2012). *Die finanzpolitische Bedeutung des Sports in Deutschland.* Wiesbaden: Springer-Gabler Research.

Rodgers, B. (1977). *Rationalising sports policies; sport in the social context: technical supplement.* Strasbourg: Council of Europe.

Weber, W., Schneider, C., Kortlücke, N., & Horak, B. (1995). *Die wirtschaftliche Bedeutung des Sports.* Schorndorf: Hofmann.

T. Pawlowski, C. Breuer, *Sport und öffentliche Finanzen,* essentials,
DOI 10.1007/978-3-658-04410-7, © Springer Fachmedien Wiesbaden 2014